인지건강 증진을 위한

두뇌 훈련

탑클래스 두뇌발전소

탑클래스 두뇌발전소는 심신의학을 바탕으로 현대인들의 각종 두뇌 질환 및 건강한 두뇌 개발에 도움이 되고자 유튜브 채널 '탑클래스 두뇌발전소'를 운영하고 있다. 기억력, 집중력, 관찰력, 판단력, 언어능력 등 다양한 분야의 두뇌 훈련을 위한 두뇌 게임을 비롯하여, 명상을 통한 두뇌 휴식법, 알면 도움 되는 유익한 건강 정보 등 약 1000개의 영상을 업로드하며 활동 중이다. 고령화 시대에 세계적으로 사회적 문제가 되고 있는 치매를 예방하기 위해, 두뇌 훈련 후 두뇌 휴식을 병행하는 프로그램을 고안하여, 따라 하면 누구나 스스로 치매를 예방할 수 있도록 하고 있다. 6만 명을 바라보는 구독자와 누적 조회 2100만 뷰를 넘기며, 더 많은 이들에게 바른 두뇌 건강법을 전달하기 위해 열정으로 노력하는 중이다. 즐거운 마음의 강력한 치유력을 믿는 탑클래스 두뇌발전소는 앞으로도 많은 이들이 즐거운 마음으로 치매 없는 삶을 영위할 수 있도록 최선을 다할 것이다.

▶ 탑클래스
두뇌발전소
유튜브

대한치매협회

2016년 8월 네이버 밴드 '치매이야기'로 출발하여 치매로부터 자유로운 세상, 치매가 있어도 불편하지 않은 세상, 행복하고 존엄한 노년이 보장되는 세상을 만들고자 2019년 1월 대한치매협회를 정식 발족하였다. 가르치고 배우면서 서로 성장한다는 교학상장(教學相長)을 모토로 치매아카데미, 역량강화학교, 치매예방학교, 치매전문학교, 웰에이징학교, 웰다잉학교, 장기요양학교, 시니어비즈니스학교, 특별양성학교, 디지털역량강화학교, 심리상담학교, 치매예방마술, 역사인문학교실, 독서클럽, 연구분과, 자격과정 등의 각종 프로그램을 운영하였다. 치매 환자와 가족이 안심하고 살아갈 수 있는 인적·물적 환경을 조성하여 지역사회돌봄(커뮤니티케어)을 구축하고자 치매와 고령사회에 대한 양질의 정보를 제공하고 있으며, 온/오프라인 교육 및 학술 활동을 통한 치매 전문인력 양성, 배움과 나눔을 통한 치매에 대한 올바른 이해와 치매 인식개선 활동, 회원 간/기관 간/지역 간의 네트워크 강화와 활성화, 치매예방·치매돌봄·치매치료에 대한 비의료적 개입의 연구개발 및 보급에 적극적으로 임하고 있다.

치매이야기(고령사회) 밴드　http://band.us/@dementia
대한치매협회 홈페이지　http://www.dementia.kr
채널 모음　https://linktr.ee/k_dementia

시니어 에듀

인지건강 증진을 위한

두뇌 훈련

탑클래스 두뇌발전소·대한치매협회 공저

1

가을편

동양북스

요즘 주변을 돌아보면, 단순 건망증에도 '혹시 내가 치매는 아닐까?' 염려하는 사람들이 많습니다. 자연스러운 노화 현상인 기억력 감퇴나 신체 기능 저하일 수 있음에도 미리 걱정하고 두려워하는 이유는, 치매가 아직 발병 원인조차 명확히 밝혀지지 않은, 완치할 수 없는 병이기 때문입니다. 이는 치매 예방의 중요성이 강조되는 이유이기도 합니다.

치매를 예방하고 건강하게 두뇌를 발전시키기 위해서는 꾸준한 훈련을 통해 두뇌 세포를 활성화하고, 바른 휴식법으로 두뇌 능력을 강화하는 것이 중요합니다. 그리고 이러한 훈련에 앞서 무엇보다 중요한 것은, 하루하루 건강하게 변화하는 두뇌를 생각하며 즐거운 마음으로 훈련과 휴식에 임하는 것입니다. 이러한 즐거운 마음가짐은, 언제 나에게 올지 모를 치매에 대비하기 위해 노력한다는 마음가짐보다 훨씬 강력한 치유 효과를 발휘합니다.

이 책은 치매 예방의 핵심이 되는 두 가지, 두뇌 훈련(게임)과 두뇌 휴식(명상)을 중점으로 구성하여 두뇌 강화 효과가 극대화될 수 있도록 하였습니다.

첫 번째, 25가지 재밌는 두뇌 게임으로 이루어진 두뇌 훈련은, 반복과 집중을 통해 뇌에 건강한 자극을 줌으로써 신경세포의 기능을 향상하고, 세포 간 연결망인 시냅스를 활성화합니다. 기억력, 집중력, 관찰력, 판단력, 언어 능력, 계산 능력 등 인지 능력이 재밌는 게임을 하는 동안 체계적으로 발달할 수 있도록 구성하였습니다. 아름다운 색상의 예쁜 그림들로 이루어진 게임을 꾸준히 하다 보면 마음이 밝아지고, 힐링 되어 두뇌 건강 증진에 많은 도움이 됩니다.

두 번째, 쉬어가기 코너에 구성된 명언 명상으로 두뇌 휴식을 하면, 두뇌 훈련의 효과를 최대화할 수 있습니다. 처음 명상을 접하는 분도 천천히 순서대로 따라 하며 5분이라도 꾸준히 실천하면, 두뇌 휴식의 효과를 볼 수 있습니다. 출렁이는 물결이 잦아들면 고요해진 물속이 깨끗이 보이듯, 바른 휴식을 통해 잡념이 쉬어지면 두뇌의 모든 능력은 저절로 향상됩니다.

교재는 매월 1권, 총 12권으로 이루어져 있습니다. 봄, 여름, 가을, 겨울, 계절별로 두뇌 훈련 프로그램이 마무리될 수 있도록 구성하여, 성취감을 느끼며 두뇌 훈련을 지속할 수 있습니다. 총 25종류의 두뇌 게임과 추가적인 부가 활동이 수록되어 있어, 재밌게 게임을 하다 보면 자연스럽게 다방면의 인지 능력을 고루 향상하고, 한층 더 강화할 수 있습니다. 한 권의 책 안에서 난이도 조절을 통해 효율적으로 두뇌 능력을 개선할 수 있도록 유의하였습니다.

탑클래스 두뇌발전소는 두뇌 건강의 근본이 되는 심리적 치유와 함께 효과적으로 두뇌 능력을 향상하는 방법들을 모색하고, 연구해 오고 있습니다. 두뇌 게임을 통한 두뇌 훈련 후 휴식(명상)을 함으로써 두뇌 강화 효과를 극대화하는 프로그램을 고안하는 등 지속적인 연구를 거듭하며 치매 예방 및 모든 연령대의 두뇌 개발에 도움이 되길 바라는 마음을 담아 유튜브 채널 '탑클래스 두뇌발전소'를 운영하고 있습니다.

이 책을 작업하며, 치매로부터 자유로운 세상이 되길 바라는 희망을 나눌 수 있어 뜻깊고, 보람된 시간이었습니다. 좋은 기회를 제안해 주신 대한치매협회 조범훈 회장님과 협회 강사님들께 감사드리며, 이 교재의 출간이 많은 분들께 치매 없이 건강하고, 심신의 행복이 충만한 삶의 초석이 될 수 있기를 바랍니다.

탑클래스 두뇌발전소

이제 우리나라는 노인 1천만 명, 치매 환자 1백만 명 시대를 맞이하고 있습니다. 2000년 고령화 사회(aging society: 7%)에서 2017년 고령사회(aged society: 14%)를 거쳐, 이제 초고령사회(super aged society: 20%)에 진입했습니다.

고령화에 따라 많아지고 있는 치매는 뇌의 인지기능에 문제가 발생하는 대표적인 질환이라고 할 수 있습니다. 치매는 여러 가지 다양한 원인으로 뇌기능이 손상되어 후천적으로 인지력에 문제가 생기는 질환입니다. 노년에 가장 두려워하는 질환이 치매라고 합니다.

인간에게 가장 중요한 기능 중 하나는 '인지(認知, cognition) 능력'이라고 할 수 있습니다. 사람에 따라서 조금씩 다를 수는 있겠지만 나이가 들어감에 따라 인지기능은 노화과정과 더불어 점차 감퇴하는 경향이 있습니다.

인지력 저하가 되지 않도록 예방하는 것이 무엇보다 중요하며, 만약 치매에 걸렸다면 진행 속도를 최대한 늦추는 것이 필요합니다. 이를 위해서는 적극적이고 꾸준한 두뇌 활동을 해야 합니다. 용불용설(用不用說), 뇌는 자극하고 사용하면 사용할수록 더 건강해질 수 있기 때문입니다.

치매가 진단되어 어려움을 겪는 어르신들은 물론, 인지기능이 약해지신 분들, 건강한 어르신들의 평소 꾸준하고 적극적인 두뇌 활동을 통해 뇌의 예비용량을 키워두면 인지 건강을 유지, 향상할 수 있습니다.

본 교재는 舊노년뿐만 아니라 베이비부머 등 新노년의 눈높이에 맞는 세련되고 신세대적 감각의 디자인으로 춘하추동, 봄/여름/가을/겨울 4계절을 주제로 하는 내용과 그림으로 구성하였습니다.

치매로부터 자유로운 세상, 치매가 있어도 불편하지 않은 세상, 행복하고 존엄한 노년이 보장되는 세상이 되기를 희망합니다.

대한치매협회 회장 / 치매이야기 대표
조범훈 사회복지학 박사

차례

1주

교재와 함께 즐기는
〈탑클래스 두뇌발전소〉 유튜브 두뇌 건강 게임

지각력과 집중력을 높이는
다른 그림 찾기

시공간 능력과 관찰력을 향상시키는
숨은 그림 찾기

① 나를 소개해 봐요

안녕하세요! 두뇌를 건강하게 해 주는 즐거운 두뇌 훈련을 하러 오셨군요. 저도 즐겁게 하고 있답니다. 제 이름은 나건강이에요.

당신의 이름은 무엇인가요?
올해 나이는 어떻게 되세요?

내 이름 _____

내 나이 _____

🌰 아래 숫자를 순서대로 잘 기억해 주세요. 뒷장에 퀴즈가 있습니다.

2486

 10초가 지났어요. 천천히 페이지를 넘겨 보세요.

퀴즈 앞서 관찰한 숫자를 순서대로 잘 배열한 것은
어느 것일까요?

① 2468

② 2486

③ 5468

④ 5486

숨은 낱말을 찾아봐요

세 글자로 이루어진 동물 이름이 하나 숨어 있어요. 그 이름을 찾아 빈칸에 써 보세요.

치	오	갑
다	징	람
카	쥐	자

세 글자 동물 이름: _____

🌰 물을 끓일 수 있는 알록달록 예쁜 주전자들이 많이 있어요.
아래 주전자와 같은 것을 오른쪽 페이지에서 찾아 ○해 보세요.

🌰🌰 아래와 같은 모양의 주전자를 오른쪽 페이지에서 찾아
색이 없는 부분을 똑같이 칠해 봐요.

🌰 1~9의 수가 있습니다. 작은 수부터 순서대로 빠른 시간 내에 짚어 보세요.

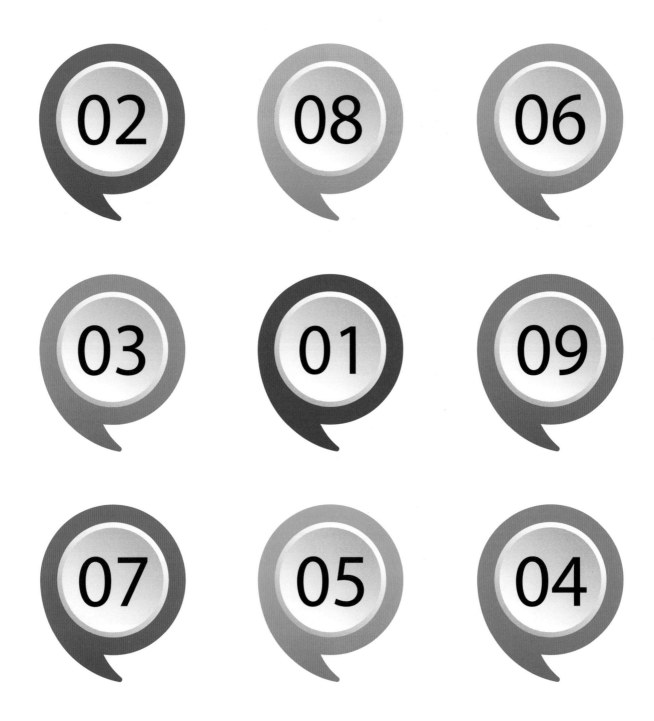

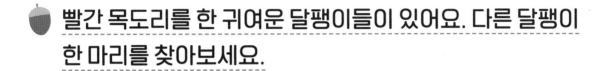 빨간 목도리를 한 귀여운 달팽이들이 있어요. 다른 달팽이 한 마리를 찾아보세요.

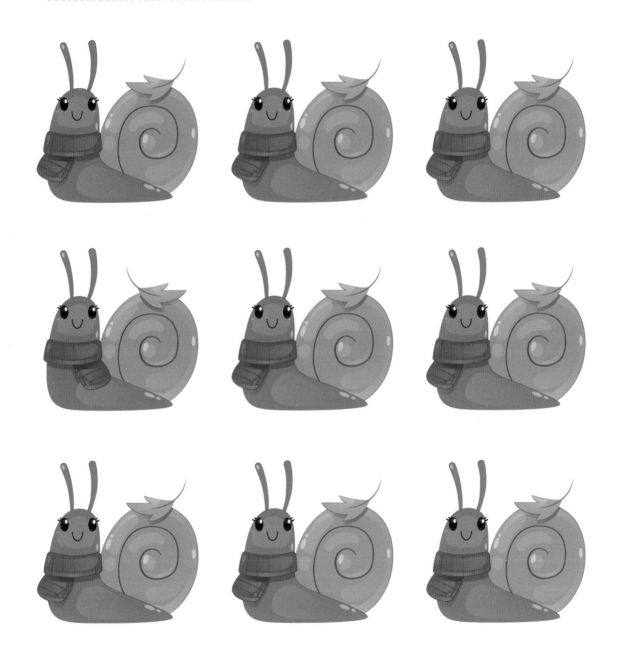

다른 달팽이의 어느 부분이 어떻게 다른지 말해 봐요.

🌰 두 가지 채소 이름의 초성이 있어요. 아래 초성을 보고
채소 이름을 맞게 써 보세요.

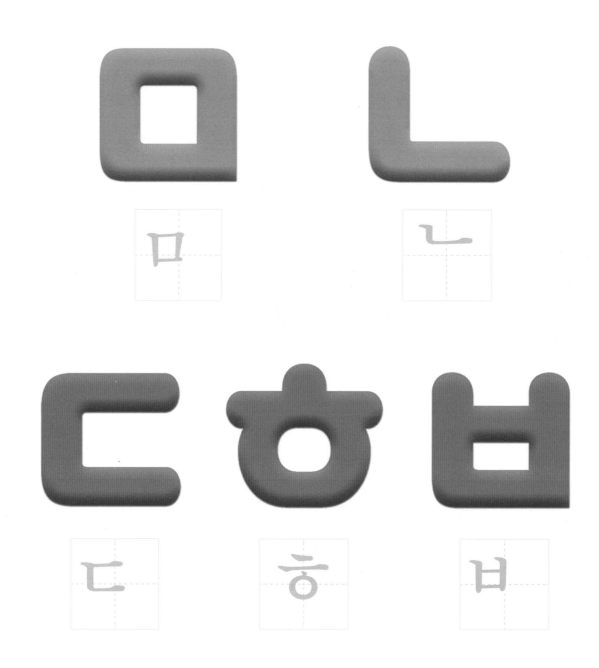

8 길을 찾아 미로를 탈출해 봐요

🌰 가을 여행을 하던 중 미로를 만났어요. 출발에서 도착까지 길을 찾아 탈출해 보세요.

🌰 아기들을 위한 여러 모양의 유모차가 있어요. 같은 유모차 두 개를 찾아 ○해 보세요.

10 숨은 낱말을 찾아봐요

🌰 멋진 코스모스 풍경 속에 낱말 한 개가 숨어 있어요.
가을과 관련된 낱말 한 개를 찾아 써 보세요.

가을과 관련된 낱말: _____

11 얼마인지 맞혀 봐요

화폐 퀴즈

계산력

🌰 여러 종류의 지폐와 동전이 있어요. 아래 질문에 답을 써 보세요.

① 모두 합하면 얼마인가요? ＿＿＿＿＿＿＿＿＿원

② 지폐는 모두 몇 장인가요? ＿＿＿＿＿＿＿＿＿장

🌰 두 가지 동물 이름의 초성이 있어요. 아래 초성을 보고
동물 이름을 맞게 써 보세요.

서로 다른 곳을 찾아봐요

🌰 단풍이 예쁜 가을날, 소녀가 외출을 나왔어요. 서로 다른 두 곳을 찾아 ○해 보세요.

그림 속 우산과 장화는 무슨 색인가요?

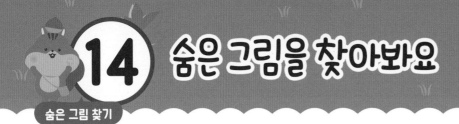
새로 개업한 가게에 예쁜 옷과 모자 등이 많이 있어요.
아래와 같은 물건을 오른쪽 페이지에서 찾아 ○해 보세요.

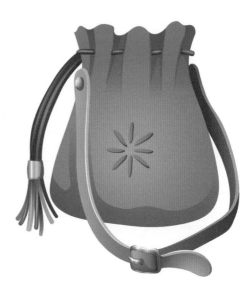

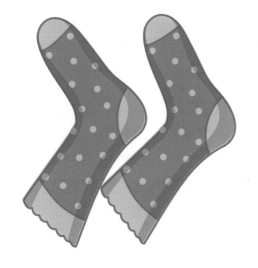

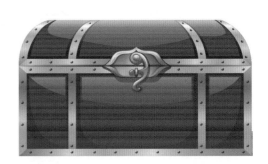

🌰 1~13의 수가 있어요. 없는 수 한 개를 찾아보세요.

01 02 03 04

05 06 07 08

10 11 12 13

🍃 홀수는 모두 몇 개인가요?

28

두뇌 휴식을 위한
명언 명상

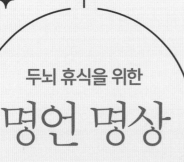

명언 명상은 자연의 소리와 함께
명언을 들으며 두뇌를 휴식하는 명상입니다.
방안의 불을 켜면 어둠은 자연히 일시에 사라지듯,
명언을 3번 반복해서 듣는 동안 마음은 밝아지고, 편안해집니다.
명상을 하면 뇌파는 알파파, 세타파로 변하여
통찰력, 기억력 등 모든 두뇌의 능력이 향상됩니다.

🪷 명상하기

1

편안한 자세로 척추를 펴고 앉습니다.
허리와 어깨의 긴장을 풀어 봅니다.
앉는 자세가 힘드신 분은 눕거나
기대서도 좋습니다. 누워서 하시는 분은
잠들지 않도록 유의합니다.

2

고개를 앞, 뒤, 좌우로 천천히 돌려
목의 긴장을 풉니다. 눈을 살며시 감고,
눈썹과 눈썹 사이 미간의 긴장을
풀어 봅니다.

3

온몸을 편안하게 이완하는 심호흡을
해 봅니다. 코로 숨을 깊이 들이쉬고,
입으로 숨을 천천히 내쉽니다.
코로 숨을 들이쉴 때는 아랫배가 나오고,
입으로 숨을 내쉴 때는 아랫배가
들어갑니다. 3번 반복합니다.
심호흡 후엔 자연스럽게 호흡합니다.

4

자연의 소리와 함께 명언을 들으며
휴식해 봅니다. 명언을 들을 때
잡념으로 인해 집중되지 않더라도
상관하지 않습니다. 알아차리는 순간,
다시 명언을 듣는 데 집중할 뿐 따로
생각을 없애려 하지 않습니다.

5

명언을 기억하려 노력하지
않아도 됩니다. 3번 반복을
통해 지혜는 밝아지고, 자연히
두뇌가 휴식합니다.

6

처음엔 하루 1개의 명언 명상도 좋습니다.
내가 부담 없이 편안히 할 수 있는
시간부터 조금씩 늘려 갑니다.
한 번에 긴 시간을 불규칙적으로
하기보다 매일 짧은 시간이라도
규칙적으로 하는 것이 더 효과적입니다.

오늘의 명언

아름다운 입술을 갖고 싶다면,

친절한 말을 하라.

사랑스러운 눈을 갖고 싶다면,

사람들에게서 좋은 점을 보라.

날씬한 몸매를 갖고 싶다면,

너의 음식을 배고픈 사람과 나누라

– 샘 레벤슨(Sam Levenson)의
　<시간이 알려 주는 아름다움의 비결> 중에서

2주

교재와 함께 즐기는
〈탑클래스 두뇌발전소〉 유튜브 두뇌 건강 게임

관찰력과 주의력을 향상시키는
서로 다른 곳 찾기

판단력과 집중력을 높이는
같은 그림 찾기

오늘의 날짜와 요일을 말해 봐요

🌰 오늘 날씨가 좋아서 배낭을 메고 등산을 가려 해요.
이번 주말에도 친구들과 함께 등산을 하기로 했답니다.

오늘은 몇 월 며칠,
무슨 요일인가요?

_____ 월 _____ 일 _____ 요일

🌰 예쁜 꽃과 파릇파릇한 화초들로 가득한 탑클래스 식물원이 있어요. 가려진 부분에 들어갈 조각은 몇 번인가요?

🌰 귀여운 야채 캐릭터들이 반갑게 인사하고 있어요. 아래와 같은
양파 캐릭터를 오른쪽 페이지에서 찾아 ○해 보세요.

🌰🌰 숫자 옆의 점들을 작은 수부터 순서대로 이어서 그림을
완성해 보세요.

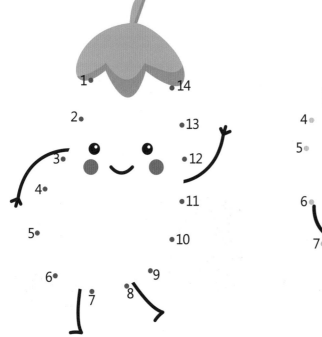

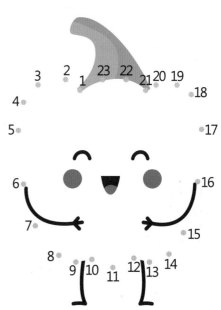

🌰 멋진 가을 풍경 속에 낱말 한 개가 숨어 있어요. 동물 이름 낱말 한 개를 찾아 써 보세요.

동물 이름: _____

🌰 1~9의 수가 있습니다. 작은 수부터 순서대로 빠른 시간 내에 짚어 보세요.

7	오	1
셋	9	팔
여섯	2	4

🌰 캠핑장에 파란색 텐트가 많이 있어요. 다른 텐트 한 개를 찾아 ○해 보세요.

 날씨가 좋고 시원한 가을에 어디로 여행을 떠나고 싶은지 말해 봐요.

7 자세히 관찰하고 기억해 봐요

관찰 퀴즈

기억력

🌰 **아래 그림을 잘 관찰해 주세요. 뒷장에 퀴즈가 있습니다.**

 40초가 지났어요. 천천히 페이지를 넘겨 보세요.

퀴즈 앞서 관찰한 그림 가운데 없는 그림은 어느 것일까요?

1

2

3

4

🌰 '가'로 시작하는 낱말 3개를 적어 보세요.

🌰🌰 '수'로 시작하는 낱말 3개를 적어 보세요.

🌰 가을에 볼 수 있는 예쁜 색의 낙엽들이 많이 있어요.
같은 나뭇잎 두 개를 찾아 ○해 보세요.

10 숨은 낱말을 찾아봐요

🌰 멋진 폭포 풍경 속에 낱말 한 개가 숨어 있어요. 명절과 관련된 낱말 한 개를 찾아 써 보세요.

명절과 관련된 낱말: _____

🌰 놀이공원에 풍선이 많이 있어요. 서로 다른 두 곳을 찾아 ○해 보세요.

양쪽 그림에 있는 분홍색 풍선은 모두 몇 개인가요?

🌰 점선을 따라 순서대로 계산하여 빈칸을 채워 보세요.

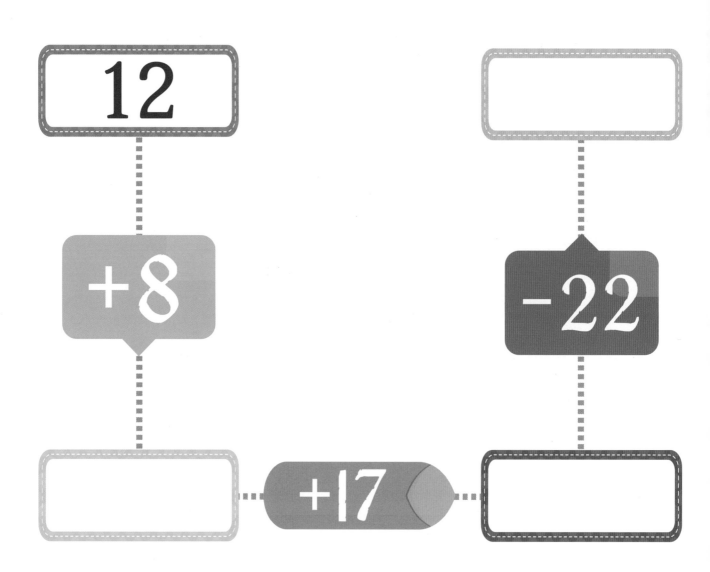

🌰🌰 3개의 정답 중 홀수는 모두 몇 개인가요?

46

🌰 아래 그림과 순서를 잘 관찰하여 기억해 주세요. 뒷장에
퀴즈가 있습니다.

 20초가 지났어요. 천천히 페이지를 넘겨 보세요.

 앞서 관찰한 그림을 순서대로 잘 배열한 것은 어느 것일까요?

🌰 두 가지 과일 이름의 초성이 있어요. 아래 초성을 보고
과일 이름을 맞게 써 보세요.

🌰 주방의 선반 위에 많은 물건들이 있어요. 아래 물건과 같은 것을 오른쪽 페이지에서 찾아 ○해 보세요.

🌰🌰 아래 그림은 어떤 것의 일부인지 해당하는 물건들을 오른쪽 페이지에서 찾아보세요.

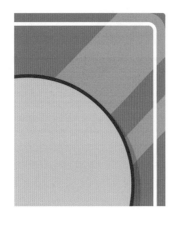

'뇌 가소성' 치매 극복의 희망

뇌 가소성이란 우리의 뇌가 외부의 자극, 경험, 학습에 의해 변화하고 재조직화하는 능력을 말합니다.

인간의 두뇌는 태어날 때부터 고착된 것이 아니라 외부의 자극, 학습, 경험, 올바른 휴식 등에 의해 일생 동안 꾸준히 변화하고 발전합니다. 뇌의 구조물 중 기억 중추인 해마에서는 하루 약 700개 정도의 새로운 신경세포가 생겨나는데, 이는 임종에 가까운 노인에게서도 똑같이 발견됩니다. 이와 같이 노년기에도 꾸준히 유지되는 뇌 가소성은 치매 극복의 중요한 열쇠가 됩니다.

또 다른 예로 뇌졸중이나 뇌경색 환자의 경우 환자는 꾸준한 재활 치료를 통해 정상적인 생활도 가능할 수 있게 되는데, 환자의 뇌를 MRI로 찍어 보면 손상된 뇌의 부위는 변함이 없으나 뇌의 기능이 좋아진 것을 알 수 있습니다. 이는 신경 가소성 때문이며, 신경 가소성이란 두뇌가 이미 괴사된 뇌세포를 다시 생성하진 않지만 신경세포 간의 연결 고리인 시냅스를 빠르게 변화시켜 손상된 세포의 기능을 다른 건강한 세포가 대신하여 담당하게 하는 것을 말합니다. 뇌 가소성 즉, 신경 가소성을 통해 알 수 있듯 우리 뇌는 스스로 발전하여 회복하는 능력이 있으며, 이는 치매를 극복하는 데 큰 희망이 됩니다.

반쪽 뇌의 기적 – 캐머런 모트 이야기

3살 때부터 뇌전증을 앓았던 캐머런 모트는 잦은 발작으로 쓰러져 머리를 다쳤고, 뇌전증 발작을 해결하기 위해 오른쪽 대뇌반구를 제거하는 수술을 하였습니다. 뇌의 반쪽인 오른쪽 뇌가 제거되자 왼쪽 얼굴과 팔다리에 마비가 생겨 평생 반신마비로 누워 지내야 할 것처럼 보이던 캐머런은 재활 치료를 꾸준히 받은 결과, 여섯 살이 되어서는 여느 아이들과 다름없이 학교도 잘 다니고 운동도 할 수 있게 되었습니다.

캐머런에게 정상적인 삶이 가능했던 이유는 뇌를 자극하는 꾸준한 재활 치료로 새로운 시냅스가 빠르게 형성되어 제거된 오른쪽 뇌가 했던 역할을 왼쪽 뇌에서 수행할 수 있었기 때문입니다. 꾸준한 노력을 통해 우리의 뇌는 어떤 상황에서도 변할 수 있다는 희망을 보여 준 좋은 사례라 할 수 있습니다.

3주

교재와 함께 즐기는
〈탑클래스 두뇌발전소〉 유튜브 두뇌 건강 게임

기억력과 주의집중력을 높이는
기억력 게임

언어력과 기억력을 강화하는
초성 게임

1 지금 있는 곳을 소개해 봐요

🌰 **오늘은 제가 가장 좋아하는 탑클래스 공원에 놀러 왔어요.**

당신은 지금 어디에 있나요?
당신이 있는 곳을
소개해 주세요.

내가 있는 곳 ＿＿＿＿＿＿＿＿＿＿＿

🌰 아래 그림과 순서를 잘 관찰하여 기억해 주세요. 뒷장에 퀴즈가
있습니다.

 20초가 지났어요. 천천히 페이지를 넘겨 보세요.

 앞서 관찰한 그림을 순서대로 잘 배열한 것은 어느 것일까요?

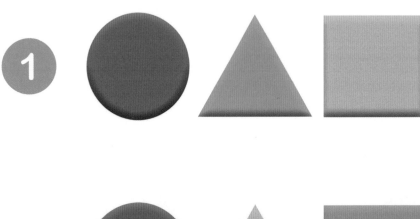

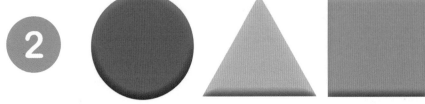

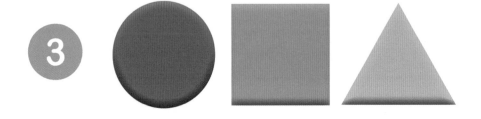

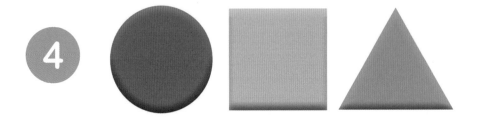

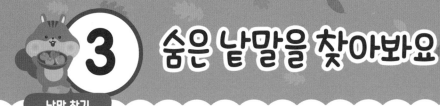

🌰 멋진 가을 풍경 속에 낱말 한 개가 숨어 있어요. 채소 이름
낱말 한 개를 찾아 써 보세요.

채소 이름: _____

4 숨은 그림을 찾아봐요

🌰 알록달록 예쁜 기차에 사람과 동물 친구들이 타고 있어요.
아래 그림과 같은 것을 오른쪽 페이지에서 찾아 ○해 보세요.

🌰🌰 아래와 같은 그림을 오른쪽 페이지에서 찾아 색이 없는
부분을 똑같이 칠해 봐요.

🌰 1~12의 수가 있습니다. 큰 수부터 순서대로 빠른 시간 내에 짚어 보세요.

6 다른 그림을 찾아봐요

🌰 과일로 장식된 달콤한 케이크가 많이 있어요. 다른 케이크 한 조각을 찾아보세요.

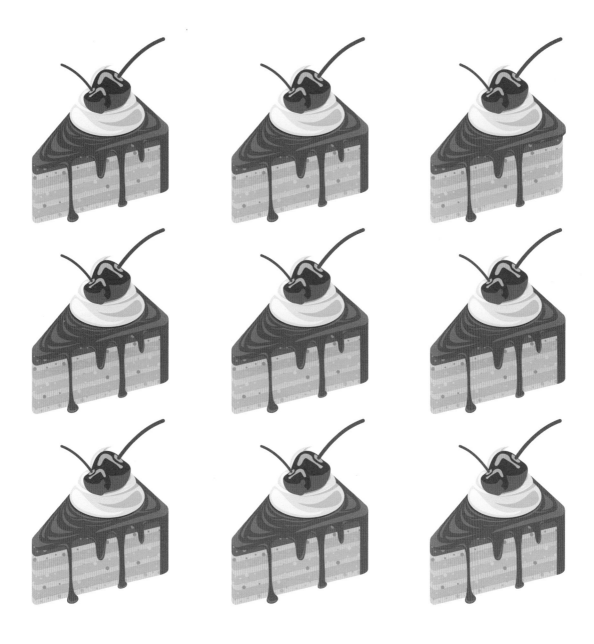

🍂 좋아하는 간식은 무엇인가요? 좋아하는 이유도 함께 말해 봐요.

🌰 가을과 관련된 두 가지 낱말의 초성이 있어요. 아래 초성을 보고
가을과 관련된 낱말 두 개를 맞게 써 보세요.

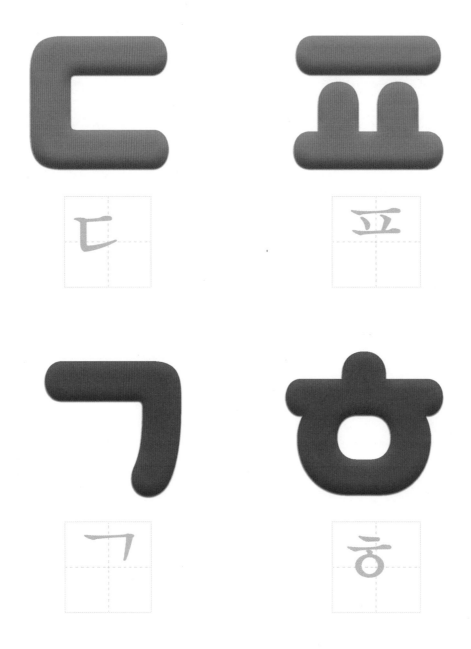

8 길을 찾아 미로를 탈출해 봐요

🌰 가을 하늘에 네모 모양의 미로가 있어요. 출발에서 도착까지 길을 찾아 탈출해 보세요.

🌰 반짝반짝 화려한 보석이 많이 있어요. 같은 보석 두 개를 찾아 ○해 보세요.

🌰 알록달록 낙엽 풍경 속에 낱말 한 개가 숨어 있어요. 동물 이름 낱말 한 개를 찾아 써 보세요.

동물 이름: _____

성능이 좋은 탑클래스 전자레인지를 사러 왔어요.
가격에 맞는 지폐 수를 적어 보세요.

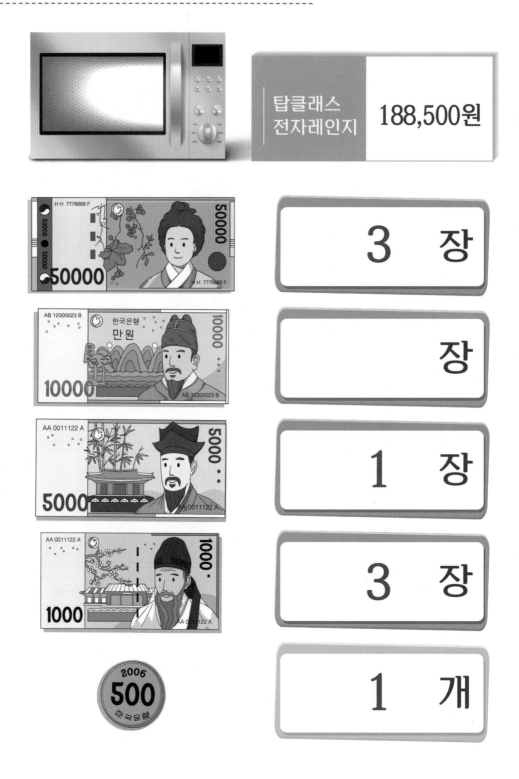

탑클래스
전자레인지 | 188,500원

50000 → 3 장

10000 → 장

5000 → 1 장

1000 → 3 장

500 → 1 개

🌰 두 가지 채소 이름의 초성이 있어요. 아래 초성을 보고
채소 이름을 맞게 써 보세요.

🌰 책상 위에 사무용품들이 놓여 있어요. 서로 다른 두 곳을 찾아 ○해 보세요.

초록색 색연필 왼쪽에 있는 색연필은 무슨 색인가요?

71

🌰 귀여운 노란 오리들이 다양한 것을 하고 있어요. 아래 그림과 같은 오리를 오른쪽 페이지에서 찾아 ○해 보세요.

🌰🌰 숫자 옆의 점들을 작은 수부터 순서대로 이어서 그림을 완성해 보세요.

🌰 21~38의 수가 있어요. 없는 수 두 개를 찾아 써 보세요.

21 22 23 24

26 27 28 29

30 31 32 33

34 35 37 38

🍃 두 개의 답 중 큰 수에 4를 더하면 얼마인가요?

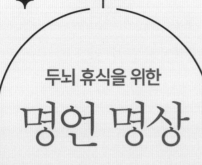

두뇌 휴식을 위한

명언 명상

명언 명상은 자연의 소리와 함께
명언을 들으며 두뇌를 휴식하는 명상입니다.
방안의 불을 켜면 어둠은 자연히 일시에 사라지듯,
명언을 3번 반복해서 듣는 동안 마음은 밝아지고, 편안해집니다.
명상을 하면 뇌파는 알파파, 세타파로 변하여
통찰력, 기억력 등 모든 두뇌의 능력이 향상됩니다.

🪷 명상하기

1

편안한 자세로 척추를 펴고 앉습니다.
허리와 어깨의 긴장을 풀어 봅니다.
앉는 자세가 힘드신 분은 눕거나
기대셔도 좋습니다. 누워서 하시는 분은
잠들지 않도록 유의합니다.

2

고개를 앞, 뒤, 좌우로 천천히 돌려
목의 긴장을 풉니다. 눈을 살며시 감고,
눈썹과 눈썹 사이 미간의 긴장을
풀어 봅니다.

3

온몸을 편안하게 이완하는 심호흡을
해 봅니다. 코로 숨을 깊이 들이쉬고,
입으로 숨을 천천히 내쉽니다.
코로 숨을 들이쉴 때는 아랫배가 나오고,
입으로 숨을 내쉴 때는 아랫배가
들어갑니다. 3번 반복합니다.
심호흡 후엔 자연스럽게 호흡합니다.

4

자연의 소리와 함께 명언을 들으며
휴식해 봅니다. 명언을 들을 때
잡념으로 인해 집중되지 않더라도
상관하지 않습니다. 알아차리는 순간,
다시 명언을 듣는 데 집중할 뿐 따로
생각을 없애려 하지 않습니다.

5

명언을 기억하려 노력하지
않아도 됩니다. 3번 반복을
통해 지혜는 밝아지고, 자연히
두뇌가 휴식합니다.

6

처음엔 하루 1개의 명언 명상도 좋습니다.
내가 부담 없이 편안히 할 수 있는
시간부터 조금씩 늘려 갑니다.
한 번에 긴 시간을 불규칙적으로
하기보다 매일 짧은 시간이라도
규칙적으로 하는 것이 더 효과적입니다.

오늘의 명언

단단한 돌이나 쇠는 높은 곳에서

떨어지면 깨지기 쉽다.

그러나 물은 아무리 높은 곳에서

떨어져도 깨지는 법이 없다.

물은 모든 것에 대해서

부드럽고 연한 까닭이다.

– 노자

4주

교재와 함께 즐기는
〈탑클래스 두뇌발전소〉 유튜브 두뇌 건강 게임

두뇌 건강을 증진하고 인지 능력을
고루 발달시키는
다양한 두뇌게임 모음

짧은 시간 안에 두뇌의 복합적 능력을
향상시키는
다양한 두뇌게임 심화버전 모음

🌰 저는 어제 오랜만에 안심이와 행운이를 만나 즐거운 시간을 보냈어요.

당신은 어제
누구를 만났나요?

어제 만난 사람 _____

조각을 찾아 퍼즐을 완성해 봐요

🌰 사슴 가족이 오순도순 소풍을 나왔어요. 가려진 부분에 들어갈 조각은 몇 번인가요?

알록달록 다양한 모양과 색의 칫솔들이 있어요. 아래 칫솔과
같은 것을 오른쪽 페이지에서 찾아 ○해 보세요.

아래와 같은 그림을 오른쪽 페이지에서 찾아 색이 없는 부분을
똑같이 칠해 봐요

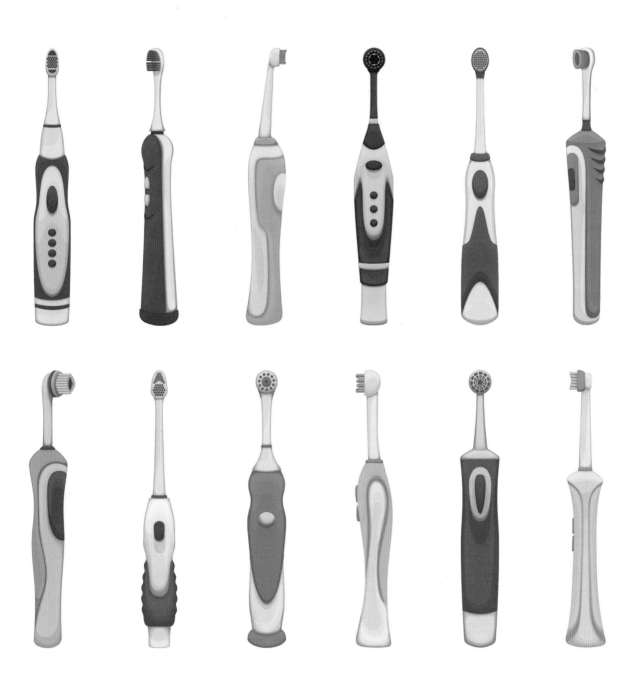

숨은 낱말을 찾아봐요

🌰 멋진 가을 풍경 속에 낱말 한 개가 숨어 있어요. 곤충 이름 낱말 한 개를 찾아 써 보세요.

곤충 이름: _____

수를 순서대로 짚어 봐요

🌰 <u>1~16의 수가 있습니다. 작은 수부터 순서대로 빠른 시간 내에</u>
<u>짚어 보세요.</u>

6 다른 그림을 찾아봐요

다른 그림 찾기

집중력

소식을 전하는 추억의 노란색 라디오가 많이 있어요.
다른 라디오 두 개를 찾아 ○해 보세요.

 정답으로 찾은 다른 라디오의 어느 부분이 어떻게 다른지 각각 말해 봐요.

7 첫 글자를 보고 낱말을 맞혀 봐요

🌰 '의'로 시작하는 낱말 3개를 적어 보세요.

🌰🌰 '사'로 시작하는 낱말 3개를 적어 보세요.

🌰 귀여운 부엉이 친구들이 많이 모여 있어요. 같은 그림 두 개씩
두 쌍을 짝지어 보세요.

🌰 <u>아래 그림을 잘 관찰해 주세요. 뒷장에 퀴즈가 있습니다.</u>

 40초가 지났어요. 천천히 페이지를 넘겨 보세요.

🔍 **퀴즈** 앞서 관찰한 그림에서 줄 선 사람들 중 이 사람은 몇 번째일까요?

① 첫 번째

② 세 번째

③ 네 번째

④ 여섯 번째

10 숨은 낱말을 찾아봐요

🌰 예쁜 노란 꽃 사진 속에 낱말 한 개가 숨어 있어요. 꽃 이름 낱말 한 개를 찾아 써 보세요.

꽃 이름: _____

🌰 점선을 따라 순서대로 계산하여 빈칸을 채워 보세요.

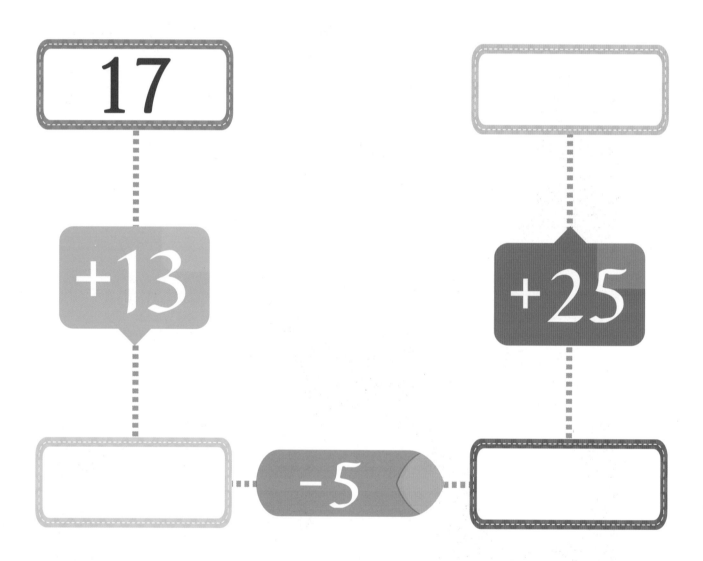

🌰🌰 3개의 정답 중 40보다 큰 수는 몇 개인가요?

🌰 아래 그림과 순서를 잘 관찰하여 기억해 주세요. 뒷장에 퀴즈가 있습니다.

😮 60초가 지났어요. 천천히 페이지를 넘겨 보세요.

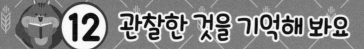
 앞서 관찰한 그림을 순서대로 잘 배열한 것은 어느 것일까요?

🌰 두 가지 새 이름의 초성이 있어요. 아래 초성을 보고
새 이름을 맞게 써 보세요.

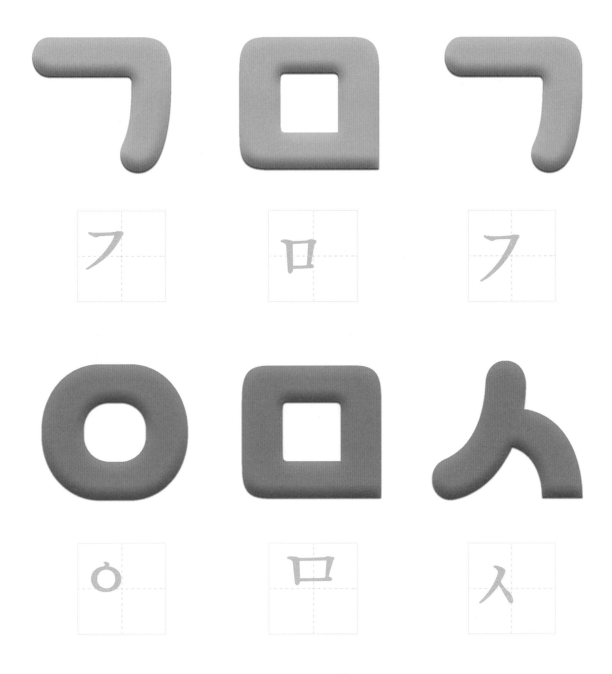

🌰 알록달록 단풍으로 예쁘게 물든 산길을 산책 중이에요.
서로 다른 세 곳을 찾아 ○해 보세요.

집에서 키우고 있는 반려동물이 있나요?
있다면 어떤 동물인지 말해 봐요.

15 숨은 그림을 찾아봐요

🌰 공부하는 방에 다양한 물건들이 있어요. 아래 그림과 같은 물건들을 오른쪽 페이지에서 찾아 ○해 보세요.

두뇌 휴식을 위한
명언 명상

명언 명상은 자연의 소리와 함께
명언을 들으며 두뇌를 휴식하는 명상입니다.
방안의 불을 켜면 어둠은 자연히 일시에 사라지듯,
명언을 3번 반복해서 듣는 동안 마음은 밝아지고, 편안해집니다.
명상을 하면 뇌파는 알파파, 세타파로 변하여
통찰력, 기억력 등 모든 두뇌의 능력이 향상됩니다.

❀ 명상하기

1

편안한 자세로 척추를 펴고 앉습니다.
허리와 어깨의 긴장을 풀어 봅니다.
앉는 자세가 힘드신 분은 눕거나
기대서도 좋습니다. 누워서 하시는 분은
잠들지 않도록 유의합니다.

2

고개를 앞, 뒤, 좌우로 천천히 돌려
목의 긴장을 풉니다. 눈을 살며시 감고,
눈썹과 눈썹 사이 미간의 긴장을
풀어 봅니다.

3

온몸을 편안하게 이완하는 심호흡을
해 봅니다. 코로 숨을 깊이 들이쉬고,
입으로 숨을 천천히 내쉽니다.
코로 숨을 들이쉴 때는 아랫배가 나오고,
입으로 숨을 내쉴 때는 아랫배가
들어갑니다. 3번 반복합니다.
심호흡 후엔 자연스럽게 호흡합니다.

4

자연의 소리와 함께 명언을 들으며
휴식해 봅니다. 명언을 들을 때
잡념으로 인해 집중되지 않더라도
상관하지 않습니다. 알아차리는 순간,
다시 명언을 듣는 데 집중할 뿐 따로
생각을 없애려 하지 않습니다.

5

명언을 기억하려 노력하지
않아도 됩니다. 3번 반복을
통해 지혜는 밝아지고, 자연히
두뇌가 휴식합니다.

6

처음엔 하루 1개의 명언 명상도 좋습니다.
내가 부담 없이 편안히 할 수 있는
시간부터 조금씩 늘려 갑니다.
한 번에 긴 시간을 불규칙적으로
하기보다 매일 짧은 시간이라도
규칙적으로 하는 것이 더 효과적입니다.

오늘의 명언

삶은 우리 자신이 만드는 것이다.
늘 그래 왔고 앞으로도 그럴 것이다.

– 애나 메리 로버트슨 모지스(Anna Mary Robertson Moses)

우리의 인생은 우리의 생각에 의해
만들어진다.

– 마르쿠스 아우렐리우스(Marcus Aurelius)

정답 1주

2
- ① 2468
- ② **2486**
- ③ 5468
- ④ 5486

3 🌰 다람쥐

4

6

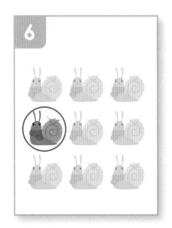

7 🌰 마늘
단호박

8

9

10 🌰 도토리

11
① 178,000원
② 8장

12 🌰 토끼
원숭이

15 🍂 09

01 02 03 04
05 06 07 08
10 11 12 13

🍂 6개

13 🌰🌰 초록색

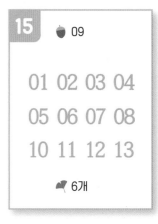

14

2

3

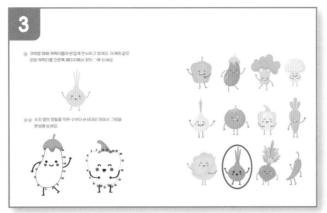

4
🌰 코끼리

6

7

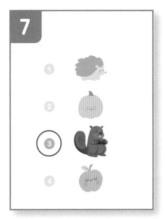

8
🌰 가방, 가위, 가자미 등

🌰🌰 수박, 수영장, 수비 등

9

10
🌰 한가위

11
🌰🌰 9개

12
🌰 20, 37, 15

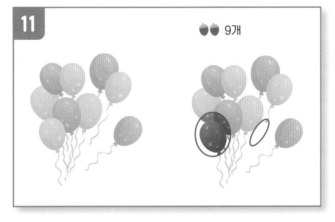

🌰🌰 2개

13

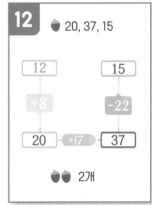

14
🌰 사과
복숭아

15

2

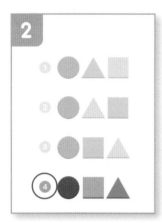

3 🌰 당근

4

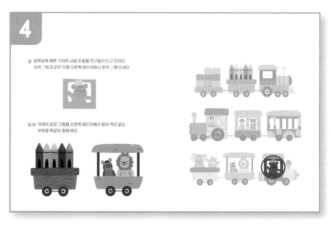

6

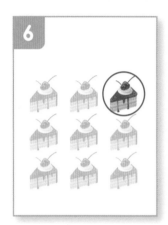

7 🌰 단풍
국화

8

9

10 🌰 호랑이

11 🌰 3장

12 🌰 콩나물
시금치

15 🌰 25, 36

21 22 23 24
26 27 28 29
30 31 32 33
34 35 37 38

🏴 40

13 🌰🌰 노란색

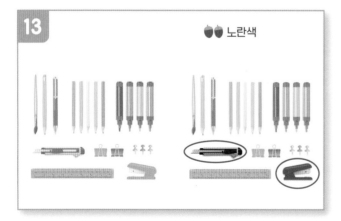

14

2

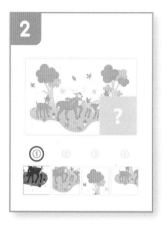

① ② ③ ④

3

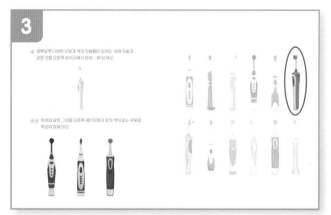

4

🌰 잠자리

퀴	바	자
하	잠	개
리	손	나

6

7

🌰 의자, 의사,
의상실 등

🌰 사자, 사위,
사마귀 등

8

9

① 첫 번째
② 세 번째
③ 네 번째
④ 여섯 번째

10

🌰 코스모스

11

🌰 30, 25, 50

17		50
+13		+25
30	−5	25

🌰🌰 1개

12

① ② ③ ④

13

🌰 갈매기
앵무새

ㄱㅁㄱ
갈 매 기

ㅇㅁㅅ
앵 무 새

14

15

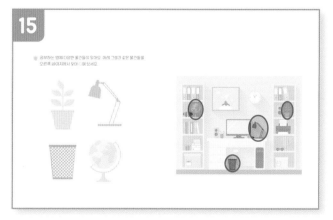

**참고
자료**

<가장 쉬운 탑클래스 치매예방 첫걸음 1, 2> 탑클래스 두뇌발전소 지음, 동양북스, 2022

<뇌내혁명> 하루야마 시게오 지음, 오시연 번역, 중앙생활사, 2020

<당신이 플라시보다> 조 디스펜자 지음, 추미란 번역, 샨티, 2016

<스트레스의 힘> 켈리 맥고니걸 지음, 신예경 번역, 21세기북스, 2015

<왓칭> 김상운 지음, 정신세계사, 2011

<늙는다는 착각> 엘렌 랭어 지음, 변용란 번역, 유노북스, 2022

<미라클> 이송미 지음, 비타북스, 2020

<마음의 기적> 디팩 초프라 지음, 도솔 옮김, 황금부엉이, 2018

<치매예방을 위한 두뇌성형> 권준우 지음, 푸른향기, 2020

<유대인 생각 사전> 김영환 지음, 행;북, 2018

<인디언의 지혜와 잠언> 다봄편집부 지음, 다봄, 2020

<명언의 탄생> 김옥림 지음, 팬덤북스, 2014

<고전명언 마음수업> 임성훈 지음, 스노우폭스북스, 2021

<명언으로 읽는 100명의 인생철학> 김옥림 지음, 창작시대사, 2022

<아들에게 전해주는 인생 명언 365+1> 윤태진 지음, 다연, 2022

<바로보인 도가귀감> 서산대사 지음, 농선 대원선사 번역, 문젠, 2017

<바로보인 유가귀감> 서산대사 지음, 농선 대원선사 번역, 문젠, 2017

https://blog.naver.com/kms7806/222606390582
https://www.onday.or.kr/wp/?cat=3 (따뜻한 하루 감성편지)
https://blog.naver.com/utimegps/70008004901
https://blog.naver.com/stellamaria8/222460349493

인지건강을 위한 두뇌 훈련 _ 가을편 1

초판 인쇄 | 2024년 8월 14일
초판 발행 | 2024년 8월 23일
지은이 | 탑클래스 두뇌발전소·대한치매협회
발행인 | 김태웅
기획 | 김귀찬
편집 | 유난영
디자인 | 디자인플러그
마케팅 | 나재승
제작 | 현대순
발행처 | (주)동양북스
등 록 | 제 2014-000055호
주 소 | 서울시 마포구 동교로22길 14 (04030)
구입 문의 | 전화 (02)337-1737 팩스 (02)334-6624
내용 문의 | 전화 (02)337-1763 이메일 dybooks2@gmail.com

ISBN 979-11-7210-065-0 (03690)